Luiz Rufino

# VENCE-DEMANDA
## educação e descolonização

mórula
EDITORIAL

Copyright © Luiz Rufino.
Todos os direitos desta edição reservados
à MV Serviços e Editora Ltda.

REVISÃO
Natalia von Korsch

ILUSTRAÇÕES
Ana Flávia Baldisserotto

PROJETO GRÁFICO
Patrícia Oliveira

CIP-BRASIL. CATALOGAÇÃO NA PUBLICAÇÃO
SINDICATO NACIONAL DOS EDITORES DE LIVROS, RJ
Bibliotecária Meri Gleice Rodrigues de Souza — CRB 7/6439

---

R865v    Rufino, Luiz
         Vence-demanda : educação e descolonização / Luiz Rufino. – 1. ed. – Rio de Janeiro : Mórula, 2021.
         84 p. ; 19 cm.

         Inclui bibliografia
         ISBN 978-65-86464-56-6

         1. Educação – Aspectos sociais. 2. Cultura. 3. Antropologia educacional. 4. Sociologia educacional. I. Título.

21-73458                            CDD: 306.43
                                   CDU: 316.74:37

---

Rua Teotônio Regadas 26 sala 904
20021_360 _ Lapa _ Rio de Janeiro _ RJ
www.morula.com.br _ contato@morula.com.br
/morulaeditorial   /morula_editorial

**SUMÁRIO**

Vence-demanda 5

Qual é a tarefa da educação? 8

Desaprender do cânone 17

Descolonizar é um ato educativo 26

Exu e Paulo Freire 38

A gira descolonial 49

A escola dos sonhos 58

Guerrilha brincante 69

REFERÊNCIAS 79

ANGIOSPERMAE                                                                 ACANTHACEAE

## *Justicia gendarussa Burm.f.*

———

**NOME POPULAR:** vence-demanda
**ÁREA DE DISTRIBUIÇÃO NATURAL:** Ásia
**ETNOBOTÂNICA:** medicinal, ritualístico

Erva ereta de pequeno porte, com caule verde-escuro, ramificado, podendo chegar a 1,5m de altura. Inflorescências axilares, tipo espiga, com flores de tonalidades rosa a arroxeada, com pétalas possuindo linhas roxas destacadas. Nativa do continente asiático, é cultivada em algumas regiões da África e principalmente nas Américas do Sul e Central, por conta de suas propriedades medicinais e seus atributos místicos, que lhe conferem o *status* de planta mágica ou planta de poder.

# Vence-demanda

---

**EDUCAÇÃO** | radical vivo que monta, arrebata e alumbra os seres e as coisas do mundo. Fundamento assentado no corpo, na palavra, na memória e nos atos. Balaio de experiências trançado em afeto, caos, cisma, conflito, beleza, jogo, peleja e festa. Seus fios são tudo aquilo que nos atravessa e toca. Encantamento de batalha e cura que nos faz como seres únicos de inscrições intransferíveis e imensuráveis. Repertório de práticas miúdas, cotidianas e contínuas, que serpenteiam no imprevisível e roçam possibilidades para plantar esperanças, amor e liberdade.

**DESCOLONIZAÇÃO** | atos paridos nos vazios daquilo que se arroga o único curso possível. Defesa, ataque, ginga de corpo, malandragem que contraria, esculhamba, rasura, transgride, desmente e destrona o modelo dominante. Folha que se canta para extrair o remédio e o veneno. O remédio para recuperar sonhos, firmar a liga, fechar o corpo, irmanar o velho e o novo que farão guarda de proteção à palmeira que sustenta a aldeia. Veneno para azeitar o ferro, soprar pó e fumaça que quebram a maldição. Prática cotidiana implicada com a diversidade e o caráter ecológico das existências. Capacidade de responder com vida a um sistema de mortandade. Atos guerreiros que honram e comungam das aspirações de liberdade e justiça, e combatem o esquecimento.

"Não basta catar a folha, é preciso saber cantá-la". Para cada uma delas que brota, um trato. Com o devido pedido de licença aos moradores do lugar, a folha se cata, macera, seca, queima, e se sopram palavras de força que despertem o que nela habita. As folhas nos ensinam, porém havemos de silenciar profundamente para ouvi-las. Encapsulados em um tempo do quebranto, assediados pelo olho grande e pela obsessão dos agentes contrários à vida, o que nos resta é nos munirmos de repertórios guerreiros. É possível afugentar o assombro, invocar espiritualidades que façam minguar as forças da demanda cuspida por bocas assassinas? Sim, é possível. A aposta está na educação, que é aqui lida como força de batalha e cura. Esse caráter duplo riscado nessas folhas, ao ser despertado pelo hálito e pelo ritmo do diálogo, saltará feito encantaria que dá corpo e caminho para a invocação de outros atos. Ao longo do folhear, serão despertadas sensações de cisma, implicação, rebeldia, amor, fúria e liberdade. Cantarei a educação com respeito e compromisso com as aprendizagens que foram plantadas nessa terra por muitas e muitos que vieram antes — os que fazem junto essa travessia e os que irão confiar a zelação das defesas compartilhadas. Dessas aprendizagens foi feito um plantio que une diversos corpos, memórias e saberes. Um roçado de esperanças que semeia nesse chão a aposta da educação como prática que tem como principal tarefa responder de forma responsável às injustiças produzidas pelo contínuo colonial.

Da mesma folha se fazem o remédio e o veneno. Dosaremos, então, a medida para o cuidado e a defesa das aldeias da margem, a emenda das histórias, o porto das memórias, a vivacidade do corpo, o estímulo à alegria, o cultivo da beleza, o reconhecimento dos ciclos e a sensibilidade com as múltiplas formas que compreendem a existência como ecologia. Que possamos preparar nossas artes de cura e batalha e nos sagrarmos vencedores dessa demanda que insiste em nos espreitar.

# Qual é a tarefa da educação?

---

*Para as praticantes da cisma*

Vivemos em um mundo fraturado. Talvez, seja mais oportuno dizer que aquilo que nos foi apresentado nos últimos séculos é uma espécie de antimundo, pois sua lógica está alicerçada em apresentar um modelo de existência somente possível em detrimento do desvio, da subordinação e da humilhação de tantas outras formas viventes. Para erguer catedrais se lançou mão de uma política de desencantamento, se firmaram contratos de subordinação[1] e se mantêm até os dias de hoje agendas contrárias à vida. Existir, para além dos limites dessa lógica, é algo que se inscreve na diversidade, na coexistência e na participação ecológica entres os seres. Assim, existir preza por relações responsáveis que mantenham o equilíbrio e o respeito com os ciclos vitais. Qualquer maneira que não reconheça esse percurso estará a negar e impor um modo desviante que produz impactos negativos e métodos

---

[1] Menção ao pensamento de Mills (2008).

de extermínio. O chamado fim do mundo não é uma profecia, mas sim uma prática sistêmica que sustenta a modernidade e se perpetua ao longo de um tempo encapsulado pelas promessas de progresso e desenvolvimento civilizatório.

Por mais que tenhamos sido investidos para esperar o fim e para ver baixar a salvação dos "justos", não nos cabe mais a contemplação dessa história. Ao longo desse tempo colonial muitos mundos já acabaram, foram esquecidos e assassinados. Porém, o que permanece por aqui é a guerra. E, nesse caso, os praticantes contrários ao modo dominante estão a batalhar para continuar a existir. Cotidianamente se faz luta com as experiências, os saberes e as tecnologias ancestrais que emanam da diversidade de jeitos de sentir, vibrar e praticar o mundo com as coisas que por ele passam.

Nessa peleja, vos pergunto: qual a possibilidade de adiarmos esse horizonte de desabamento do céu e de aumento dos escombros que asfixiam a dignidade do existir[2]? Me aquieto, silencio para sentir o sopro do pó das folhas, das árvores, dos bichos e das cinzas que recuperam sentires obstruídos por séculos de desmantelo cognitivo e desarranjo das memórias. Recupero sonhos que esperançam, anunciam, alargam subjetividades, transbordam o corpo e dão passagem a outras miradas. O que salta dessa magia diz sobre outras

---

[2] Menção que coloca em diálogo os pensamentos de Davi Kopenawa, Ailton Krenak e Walter Benjamin.

políticas do ser e saber que nos permite e encoraja a agir para sustentar o céu e nos erguer dos escombros de um mundo aquebrantado pela dominação. Àqueles que têm a experiência colonial como marca demanda-se uma atitude responsável em relação à vida. Essa atitude, a meu ver, é parte de um refazimento de si, um reposicionamento em relação aos tantos outros que existem e dão o tom de que somos seres inconclusos e que estamos a atravessar a existência na relação com tudo que aqui faz morada.

Para os seres que habitam as margens e esquinas do planeta, para as vidas alteradas pela violência colonial e para aqueles que desfrutam dos privilégios, da proteção, e dos poderes herdados e mantidos nessa arquitetura de violência e exclusão, a educação não pode ser meramente entendida como uma política de preparação para o mundo ou como forma de acesso à agenda curricular vigente. A educação não pode gerar conformidade e alimentar qualquer devaneio universalista. A educação não pode estar ligada a qualquer defesa de desenvolvimento do humano e de seu caráter civilizatório que esteja calçada em uma única lógica. Em outras palavras, a educação não pode estar a serviço do modelo dominante, pois ela, em sua radicalidade, é a força motriz que possibilita enveredarmos e nos mantermos atentos e atuantes nos processos de descolonização.

Não me cabe, aqui, um amplo debate que escave as dimensões filosóficas, sociológicas, históricas e antropológicas da educação. O que proponho é dar passagem à pulsação inconformada e esperançosa da educação como elemento chave para o trato da demanda colonial[3]. Nesse contexto, o colonialismo é entendido como um evento que primeiramente opera no ataque aos seres, produzindo assassinatos, encarceramentos, tortura, estupro, humilhação, subordinação, esquecimento e desvio existencial. Esses ataques vão desde os limites do corpo físico até as mais profundas e sensíveis camadas da existência. A colonização é uma grande engenharia de destruição de existências e corpos e de produção de um mundo monológico, adoecido pela ganância, escasso de beleza e poesia.

Na contramão dessa lógica produtora de desvios e aniquilações, a educação emerge como um radical vivo; corporal; vibrante; dialógico; inacabado; alteritário; comunitário; produtor de presença, dúvida, vivência e partilha. A educação não é apaziguadora do conflito, pois este se manifesta como dimensão criativa e não como oposição, subordinação e extermínio do outro. A educação não é conformadora, ela é uma força errante, que negaceia, instaura dúvida, avança nas perguntas e persegue o seu fazer como prática de liberdade[4]. A educação como radical da vida, como experiência corporificada do ser e de suas práticas de saber é comum a todos. Ela nos marca como seres

---

[3] A expressão "demanda colonial" ressalta o sentido de feitiço, queimação, quebranto, processo.

[4] Ver Freire (1987, 2014).

únicos, de vivências intransferíveis, imensuráveis e que têm como característica existencial dar o tom do acabamento de cada um de nós pelas mãos dos outros e dos afetos roçados nas relações. A educação é uma esfera de autoconhecimento, responsabilidade, liberdade, esperança e cura[5].

Qual é a tarefa da educação no contexto em que estamos lançados? Num mundo que, como nos apontou o poeta[6], foi erguido e está penhorado como um banco de almas. Será possível uma educação que não seja bancária[7], que propicie a libertação das existências subtraídas pelas ações de catequese, plantation e intervenção militar? Como honrar as existências que serpenteiam no tempo e ritualizar a vida como algo que não seja meramente utilitário[8]? A defesa que faço é que a educação deve ser entendida como uma forma de erguer existências, mobilizá-las, uma encantaria implicada em contrariar toda e qualquer lógica de dominação. A educação como dimensão política, ética, estética e de prática do saber comprometida com a diversidade das existências e das experiências sociais é, em suma, um radical descolonizador.

Então, por que se reivindica e se pratica algo que chamam de educação, mas que na verdade é o

---

[5] A noção de cura é aqui invocada em inspiração nos diálogos com hooks (2019) em relação à educação.
[6] Ver Césaire (2008).
[7] Ver Freire (1987).
[8] Ver Ailton Krenak (2020).

contrário disso? Mais uma vez recorro às palavras do poeta: esse mesmo mundo erguido na pilhagem de seres, na destruição de comunidades, saberes, linguagens e do meio ambiente se faz como um aparato de mentira, indefensável moral e espiritualmente[9]. Esse mundo regido por contratos de dominação[10] invoca um simulacro que chamam de educação, mas que tem suas raízes fincadas na catequese, no espólio, no pacto protetivo e de poder branco, heteropatriarcal, antropoceno e eurocentrista. Dessa maneira, muito do que se pinta como educação é, na verdade, malabarismo discursivo para mistificar o que é mobilizado na agenda curricular do Estado colonial. Modos reguladores que, se confrontados com outras maneiras de ser e saber, serão despidos e revelados como parte da política e da gramática normativa da dominação colonial.

São por esses motivos que considero que a principal tarefa da educação, enquanto radical de vida e diversidade, seja a descolonização. Se a colonização incutiu um desmantelamento do ser e uma condição desviante, a educação como experiência e prática de 'vir a ser' nos possibilita a codificação de novos seres que sejam capazes de gerar outras respostas ao mundo e gerir diferentes formas de habitar. A educação é o que marca nosso caráter inconcluso enquanto sujeitos e praticantes do mundo. É também aquilo que nos

---
[9] Ver Césaire (2008).
[10] Ver Mills (2013).

forja enquanto seres de diálogo. Portanto, estar vivo é experimentar linguagens, descobri-las, se afetar por elas, alterá-las e respeitar o que não alcançamos. Como firmaria o caboclo brasileiro[11], somos vocacionados a 'ser mais', por isso nos cabe cismar com qualquer modo que se queira total, acumulativo e nos faça adequar a uma mera fração das vivências possíveis.

A educação como descolonização está implicada a uma política de vida, ou seja, tem seus atos focados em contrariar os ditames da agenda dominante. A educação diz acerca de práticas cotidianas; pertencimentos coletivos; fortalecimento comunitário; ética responsiva; aprendizagens; e circulação de conhecimentos que reposicionem e vitalizem os seres atravessados pela violência colonial. No caso daqueles que fazem parte do consórcio que se beneficia e lucra com esse sistema de violência secular, a educação exerce o papel de interpelá-los, convocá-los a responder com responsabilidade, situá-los nos múltiplos tempos, espaços e narrativas que são sistematicamente subtraídas para a blindagem de seu protetorado. Para esses grupos, a educação os convoca à demanda da reparação, da recuperação de suas dignidades existenciais e de sua ética, ao assumir compromisso com relações horizontais e ecológicas. A educação não está para a

---

[11] Tomo Paulo Freire como caboclo. Nesse caso, a noção de "caboclo" é empregada como um 'supravivente', uma espécie de antinomia da civilidade (ver Rufino e Simas, 2018).

salvação de nada e de ninguém, mas para a garantia da vivacidade das existências e suas inscrições no tempo.

Enquanto alguém que faz da educação uma forma de cismar o mundo e um roçado de esperanças, percebo que há confusão em torno do entendimento de sua real força. Isso se daria porque a palavra foi e continua sendo investida de valores que a desvitalizam e a refazem meramente como um modo de escolarização que reifica, reproduz e normatiza padrões de classificação, competição e desigualdade. Há quem diga que a educação é um dos principais marcadores da condição humana, eu peço licença para ir além.

Na esquina do futuro alumiada com uma vela acesa em tempos imemoriais arrisco que a educação é uma condição do vivo. Como a educação é um fenômeno comum às mais diferentes culturas e sociedades, existem aqueles que aprenderam as coisas do mundo interagindo com os mais diferentes métodos de se inscrever vida. Plantas professoras, bibliotecas que residem em caroços, aulas que se dão com as marés, ensinanças sopradas em pé de vento, entre tantos outros modos de fazer. A educação se descaracteriza como tal não pela sua multiplicidade de formas, mas pela redução da mesma a uma única coisa que está a serviço de uma política de dominação.

Dessa maneira, se ela há de se prender a uma palavra essa seria vida, compreendida em toda a sua diversidade. Espio o que dizem sobre a tal da educação e matuto com a tese de que a nossa dificuldade de a encarar em sua principal função se dá porque fomos nos distanciando do todo, do tecido vivo que cobre esse planeta. Seguindo o ritmo dos valores da bolsa e não mais das folhas que caem no tempo certo, apostamos em um desenvolvimento que não nos envolve[12], mas nos distancia da vida. É por isso que falando do e para o mundo que nos foi deixado, nos cabe não necessariamente compreendê-lo, muito menos aceitá-lo, mas sim transformá-lo[13]. É o que firmo: a principal tarefa da educaçao é a descolonização.

---

[12] Menção ao pensamento de Antônio Bispo dos Santos (Nêgo Bispo), que diz que o contrário do desenvolvimento é o envolvimento. A noção de envolvimento está ligada à reflexão sobre o conceito de 'biointeração', de sua autoria (2015).

[13] Menção ao pensamento de Frantz Fanon (2008).

# Desaprender do cânone

---

*Para as oprimidas da história*

Somos seres de experiência. Tudo o que se passa na vida nos atravessa, nos altera e faz com que cada um de nós seja único, mas habitado por muitos — e nessa multidão singular tecemos uma rede infinita de aprendizagens. A encantaria da educação é parir seres que não cessam de renascer ao longo das suas jornadas. Parida e parteira de si e de muitos outros, a educação remete a processos sempre coletivos, afetivos, conflituosos, despedaçamentos e remontagens do ser. Diante de um acontecimento tão sofisticado e de tamanha força de encantamento me pergunto como nos aquebrantamos e nos mantemos cada vez mais adoecidos com a escassez de vivências e a captura de nossas sensibilidades por uma lógica dominante.

Certa vez, observava uma conversa entre uma criança e sua professora, que perguntava sobre uma aprendizagem tida nos encontros anteriores. A menina dizia que havia desaprendido o que foi passado. A professora foi incisiva: "Ué, mas ninguém desaprende o que aprendeu". A criança respondeu sem titubear: "Então eu aprendi a esquecer". Ouvi essa conversa há muitos anos, durante um dos estágios docentes do curso de formação de professores, e até hoje esse diálogo me visita para que eu me pegue a pelejar com o pensar sobre o aprender, o desaprender e a questão do esquecimento. A aparente contradição presente no diálogo revela a riqueza dos processos educativos e como a educação é, antes de tudo, um ato político e filosófico comum a todas as pessoas.

A primeira dúvida que me surge é: se as aprendizagens são experiências do ser, uma travessia com o mundo, e processos de alteração da nossa própria existência, seria possível refazer esses percursos sem que existam marcas? Confesso que — considerando os aspectos de vivência, travessia e alteração como parte do aprender no processo educativo — tendo a compartilhar, parcialmente, da afirmativa da professora, que situa o desaprender como uma impossibilidade. No entanto, a fala da criança não me remeteu a um apagamento, mas soou algo de grande força política e pedagógica o que ela chamou de desaprender — uma rasura, um drible, uma fuga, um jeito que o corpo dá. Para a pequena filósofa, o ato era um deslocamento, outro percurso na relação com o que já tinha sido aprendido, uma negaça[14] que deslocava a experiência para outro lugar de enunciação e reivindicação de narrar o vivido.

---

[14] Movimento e sabedoria próprios do jogo da capoeira.

Nesse sentido, me pego a desaprender de tanta coisa como mero ato de rebeldia e inconformidade. Faço isso simplesmente para contestar o monopólio discursivo e o cerceamento da experiência em determinadas ditas aprendizagens. Cabe dizer que essa atitude não encontra aderência com certas retóricas negacionistas. Negacear firmando uma desaprendizagem encarna uma saber capoeirístico que chama para o jogo e diálogo com o diferente, encontra soluções saltando no vazio, ocupando espaços que não se esperava. Esse ato problematiza e interroga o que se coloca como a última verdade das coisas. Dito isso, saio na seguinte defesa: desaprender é um ato político e poético diante daquilo que se veste como único saber possível ou como saber maior em relação a outros modos.

Para que a desaprendizagem não seja entendida como uma anulação da experiência é necessário credibilizar o que aprendemos de maneira processual e não em uma lógica acumulativa. Esse processo, permeado de conflito, proporciona a crítica, a invocação da dúvida, a disponibilidade para o diálogo e o reconhecimento do caráter inconcluso dos seres e do mundo. A educação como parte de uma aprendizagem das coisas do mundo permite um contínuo refazer de si — autônomo, livre e em permanente afetação pelo outro.

O que a criança nos ensina é que estamos sempre a aprender e, ao nos lançarmos nessa jornada, estamos a nos refazer na relação com o outro. Aprender implica afeto, está relacionado primeiramente à esfera do sentir, ou seja, do viver e do pulsar essa vivacidade tecendo diálogos que primam por uma relação ética com quem se tece. Mesmo quando estamos a questionar, rasurar e recompor alguma experiência, estamos a aprender na relação com o que viemos a ser até ali. O que firmo e que a menina me ajuda a pensar é que a invocação da ideia de desaprendizagem tem força política e poética quando assumida para confrontar o cânone. Assim, ato o ponto: a desaprendizagem, nesse caso, é uma ação tática que desautoriza o ser e saber que se quer único. Desaprender do cânone é um passa-pé[15] na política que investiu massivamente na captura de sentidos, linguagens, memórias e dignidade existencial, produzindo o esquecimento da diversidade de vivências para fazer vigorar um modelo único de ser e saber.

Faço um giro na pequena roda e volto a jogar com a criança. Como quem pega fôlego para continuar, mas é surpreendido por uma nova pernada, eu me apanho e refaço nas suas palavras: como aprendemos a esquecer? Percebam que esse ato será aqui lido como parte das ações de destruição de mundos pela ofensiva colonial. Dessa maneira, o esquecimento diz acerca do trauma perpetrado e do permanente terror exercido pelo colonialismo. Ao tratar as relações entre educação e descolonização, leio a produção de esquecimento

---

[15] Movimento e sabedoria próprios da prática da capoeira.

como algo que se caracteriza como mais uma ação imputada pelo projeto de mortandade e desencante gerido pelo Ocidente europeu quando decidiu ter nos descoberto[16]. As sociedades tidas como não desenvolvidas, desalmadas, desumanas e que teriam por sua natureza a justificativa da autorização da intervenção colonial são, até os dias de hoje, aquelas que decidiram cantar a noite grande, ouvir os sons da floresta e chamar os habitantes dos vários tempos para não se submeterem ao quebranto do esquecimento.

A colonização, que não cessou — pois tem os seus ativos acionados e seus efeitos gerados ainda hoje —, investiu em diferentes formas de violência. Podemos dizer que a empresa colonial aportada na face da cruz, da espada e do saque não se limitou ao holocausto dos indígenas[17] das bandas de cá e de lá do Atlântico. Para a Europa não bastou o genocídio, a tortura, o estupro, o encarceramento e a escravidão. Ela continuou avançando nas formas de terror, produzindo assassinatos que vão além do corpo físico e incutindo via catequização uma permanente captura dos mundos, das subjetividades e da regulação do ser em suas dimensões sensíveis.

Um dos métodos mais engenhosos desse grande sistema de dominação aniquilar o outro é pela

---

[16] Menção à obra de Stevan Todorov (2010).
[17] A noção de indígena é utilizada como proposta pelo filósofo Dimas Masolo (2008), produzido como o não europeu.

produção de esquecimento. Empenhado nessa empreitada, investiu massivamente na destruição de comunidades, línguas, ritos, e maneiras de explicar e interagir com o mundo. Existe uma face da colonização que se dá pela dominação das cosmogonias; que perpassa por meios de ensinar/escolarizar; que provoca uma alteração não responsável com a diversidade, o diálogo e o caráter inacabado do humano. A salvação da alma, tão apregoada na agenda colonial, nada mais é do que o modo mais profundo de intervenção nas esferas sensíveis da existência e na contratualização da permanente e inalterável condição de subordinação do colonizado em relação ao colonizador.

A colonização não se faz sem que haja um plano de ensino e um currículo que institua a aprendizagem do ser colonizado via violência e esquecimento de si para sua transformação em algo permanentemente em desvio e submisso. Aquele acontecimento em que a professora conversava com a menina que filosofava a educação me mobiliza até hoje, incitando-me a cismar com a emergência que temos para desaprender do cânone. Essa desaprendizagem, entoo como em um canto corrido[18], é ato político e poético que toca nas múltiplas camadas de nossas existências a questão do esquecimento.

---

[18] Menção a uma das formas de cânticos da roda de capoeira.

Das 'histórias para ninar gente grande'[19]. Das 'desimportâncias'[20] caçadas nos cotidianos e ignoradas na oficialidade dos ritos e prescrições curriculares. Das leituras de mundo fraturadas para serem depositadas em bancos. Dos corpos reduzidos à docilização. Das subjetividades controladas para o sucesso que têm o desvio como regra. Da longa herança colonial que nos escolarizou e que não se envergonha em esconder que tudo o que foi esquecido diz também sobre a capacidade de naturalizarmos esse mundo radicalizado na violência. De ponto a ponto, a relação com o modo dominante fala sobre uma aprendizagem do esquecer, já que — a partir do cânone (paradigma colonial) como um olho de Deus[21] que aquebranta a diversidade — não há possibilidade de coexistência entre as múltiplas formas de existir.

Uma das tarefas que aposto, de uma educação que se faz como descolonização, passa pela emergência de desaprender do cânone. Essa desaprendizagem não perpassa pela negação de determinadas presenças e saberes, mas pelo destronamento. No vai e vem dos caminhantes desse mundo seria como um 'tombo na subida' daqueles que desequilibram a petulância da pisada dos escassos de poesia. A desaprendizagem

---

[19] Menção ao enredo da Estação Primeira de Mangueira (2019).
[20] Menção ao pensamento do poeta Manoel de Barros (2020).
[21] Menção ao conceito desenvolvido e trabalhado por Ramon Grosfoguel (2016).

como ato político e pedagógico se insere na capacidade de recuperação de sonhos e no alargamento de subjetividades que foram e são assombradas pelo desencanto. O sonho, nesse caso, se expressa como uma espécie de alargamento do tempo, do espaço e da fruição de linguagens que possam mobilizar outras maneiras de sentir a vida.

O esquecimento como parte de uma política de morte plantada pela dominação colonial provocou desarranjo das memórias, desmantelo cognitivo e dissonância das percepções. Não à toa, aqueles que invocam as palavras de força no cair da noite ritualizam a vida e seus ciclos com cantos, dança, plantio, colheita e festa para permanecer criança, virar bicho, vibrar folha e desaguar nas marés do tempo. São os mesmos que acionam a memória e a ancestralidade como tecnologia e política de vida diante do desencante.

A memória e a ancestralidade como fundamentos políticos e práticas de saber dos seres marcados pelo desvio existencial e pela subordinação do modelo dominante são as matrizes e a motricidade para uma educação que transgrida os limites do cânone. No caso da composição colonial, o cânone se inscreve como resultado de uma métrica centrada que ressalta o poderio do homem branco, macho, heteropatriarcal, judaico-cristão, europeu, monorracional e capitalista. Nesse sentido, a desaprendizagem como um drible para uma aprendizagem cosmopolita, ecológica, plurilinguista, polirracional[22] e responsável se inscreve na tessitura de ações comprometidas com as formas de ser e saber injustiçadas ao longo da história.

A educação não se faz na tarefa de aprender uma ou outra coisa, nem na capacidade de aprender muitas coisas. A educação se faz na capacidade de manter a vivacidade dos seres para vadiarem no mundo, experimentando, circulando e dando o acabamento do que ele é e do que pode vir a ser. A educação como radical da vida e prática de liberdade nos contextos afetados pelo acontecimento colonial tem uma tarefa inadiável: recuperar a dignidade dos que foram violentados e mantê-la acesa para alumiar o tempo e cegar o olho grande do assombro da dominação.

---

[22] Ver Dimas Masolo (2008).

# Descolonizar é um ato educativo

---

*Para as semeadoras de esperança*

O colonialismo não é dotado de aptidões racionais. É violência em seu estado primeiro. Tendo a violência como radical, ele só caíra quando confrontado com uma força maior ainda. As palavras de Fanon (1968) nos chamam para o jogo: "Aruandê, faca de matar, aruandê! Aruandê, faca de matar, aruandê!". O que os viventes daqui nos ensinam, dando continuidade às formas de combater o desencante é que a mesma faca empunhada para vencer a demanda imposta pela guerra é movida pela espiritualidade que nela reside e nos concede força para carregar o mundo que queremos.

O colonialismo — observado por qual ângulo for, o do colonizador ou o do colonizado — é um disparo sem chance de retorno. Nesse sentido, a pergunta que fica e nos moverá aqui é: vencer a demanda implica necessariamente no fim da guerra ou perpassa por aprender a domar a espiritualidade que a acende? Mesmo que os confrontos gerados pela guerra cessem esse ato, não será suficiente para interromper o contínuo instaurado pelo acontecimento colonial. Em outras palavras, digo: diante da colonização e dos seus efeitos não existe cessar-fogo. Há de se ter vista forte para compreender que nem sempre o fogo e a queimação serão percebidos pelos olhares não atentos ao invisível. Não à toa, no contexto do mundo colonial há quem preze por sacar soluções de dentro de uma quartinha[23]. E, manuseando-a, sabe que é necessário esfriar o chão e abrandar a quentura trazida pelo assombro.

Retorno ao que já foi dito para dizer de outro modo, como quem entoa uma quadra ou canto corrido, fazendo valer a lógica de improvisar dizeres em torno de um verso e sustentar a roda com as palavras. Reafirmo a compreensão do colonialismo como uma guerra inacabada, que não é somente bélica, não é feita somente apenas com baionetas e blindados, mas avança de modo constante e nunca para. Não se contenta em invadir, tomar o que não é seu, e deixar rastros de destruição que não mais nos permitem ver o seu início e ansiar pelo seu fim. Essa guerra também não é meramente narrativa, na qual se empunha a palavra e se catequiza para regular experiências, produzir dissonância e mistificar o terror. Ela tem múltiplas faces em uma só cara. O estupro do território vai da terra ao corpo, do espólio das riquezas naturais à dignidade existencial dos viventes. A guerra colonial

---

[23] A quartinha de barro ou louça é um artefato utilizado nas práticas culturais de terreiro.

não cessa e não cessará exatamente por possuir uma lógica vampiresca, por se alimentar das energias do outro e se plasmar como algo invencível.

A descolonização é mais que o fim de uma guerra sacramentada nos campos de batalha. É, sobretudo, uma questão de cura. Esse é o ponto que desejo firmar, com o devido pedido de licença e me lançando no diálogo responsável com todas e todos os oprimidos por esse sistema de dominação ao longo do tempo. A minha defesa — que se expressa como parte de uma vivência expandida e comunitária, trançada nas bordas do mundo — é que a batalha é fundamentalmente uma esfera da ordem da mandinga[24], o que marca as dimensões múltiplas da guerra colonial. Considerando a colonização como um evento que tem, em primeiro lugar, o ataque ao corpo[25], não podemos deixar de avançar na problematização da penetração das suas formas de violência nas várias camadas que compõem a existência dos viventes.

No que tange aos acontecimentos nas bandas pindorâmicas, aquebrantadas pelo nome de Terra de Vera Cruz, a política seminal da colonização portuguesa foi a instalação de uma guerra justa. Lembremos das lições que hoje precisamos desaprender para reposicioná-las no curso da história. A chamada "guerra justa" legitimou o uso da força e autorizou o

---

[24] Ver Rufino e Simas (2018).
[25] Ver Fanon (1968).

genocídio dos que ousaram contrariar os interesses da coroa portuguesa. Assim, os inimigos do rei são todos aqueles que resistem de alguma maneira ao trabalho forçado, à imposição da cultura dos invasores, à ocupação e à exploração de suas terras. Cabe destacar que a coroa exerce esse papel tomada pela crença no cumprimento de uma determinação divina. Dessa forma, coroa e igreja se fundem na máquina de guerra colonial que edifica a Europa como centro, penhorando almas nos bancos da modernidade.

As cartas dos invasores que corriam além-mar revelam as intenções empresariais da colonização e ressaltam, sem pudores, a tara e a neurose envoltas na ficção da conquista. A concepção da invasão é de missão divina, tendo esse caráter os absurdos são autorizados, já que do outro lado não há existência credível — somente o apontamento de quem são os outros. A lógica da outridade[26] opera como mais uma face do quebranto posto, que diz mais do caráter obcecado e criminoso dos que acreditavam controlar em suas naus os ventos da história do que diz algo sobre aqueles aprisionados na narrativa dominante. A guerra justa na tríade intervenção militar, teologia-política e plantation se inscreve como um feito de destruição biocósmica, psíquica, cognitiva e espiritual. A guerra colonial tramou meios de ataque e destruição dos múltiplos corpos viventes. Esse sistema entendeu que

---

[26] Ver Grada Kilomba (2019).

alguns desses corpos jamais serão mortos — por isso precisam ser subordinados, produzidos como desvio, e humilhados ao ponto de se manterem em funcionamento biológico, mas mortos do ponto de vista da plenitude de suas existências.

A descolonização não é um passe de mágica, não se dá meramente no grito de independência, mas ao longo dos processos de disputa de vida que integram inconformidade, rebeldia e lutas contrárias à dominação e à produção de desvio do ser e de suas práticas de saber. Por mais que se sonhe e esses sonhos sejam corporais, vibrantes[27] e plasmem meios de reivindicar outra experiência, não se dorme colonizado e se acorda descolonizado. Talvez, a descolonização tenha maior intimidade com a capacidade de recuperar nos sonhos o que foi investido no esquecimento. Nos recolhemos no silêncio e na escuridão para sermos visitados pelos pássaros que nos fazem lembrar que a balança do tempo preza pelo equilíbrio. Porém, quando há descompasso existe a necessidade de lançar mão das tecnologias e dos saberes ancestrais que são capazes de desalinhavar os fios que bordam a presença dos seres enquanto matéria expandida e em confluência com o todo.

Os sonhos são instituições antigas e por isso devemos ouvi-los[28]. Não se trata somente de uma

---

[27] Menção ao pensamento de Frantz Fanon (1969).
[28] Ver Sidarta Ribeiro (2019).

atividade onírica, mas de uma esfera em que mergulhamos em um fazer arqueológico para catar cacos que nos remontem. Eles alumbram a palidez do esquecimento, e me remeto a eles por nos convocarem a uma prática curativa diante de um modo regulado pelo cansaço e pela insônia[29]. Batalhas são feitas de muitas maneiras, precisamos recuperar os sentidos dispersos pelo achamento do mundo e pela redução das possibilidades. A tarefa da educação frente à emergência da descolonização encontra chão fértil nos sonhos, na medida em que reconhece na capacidade de catar nas bordas das voltas ao mundo os pedaços que, engolidos e cuspidos de volta, podem erguer seres que contrariem a toada de má sorte rogada pela pregação dos autointitulados "homens de bem".

A educação como ato de descolonização convoca o oprimido para uma espécie de xamanismo — um mergulho profundo em si, nas suas ambivalências, fraturas, fraquezas e forças — e para um desaguar em dizeres múltiplos que transcendam a escassez da métrica dominante e confluam em uma comunidade de sentidos plural que inscreva a liberdade. A educação como ato de descolonização entende a cura não como um apagamento da dor, mas como um cuidado que redimensiona os vazios que existem em nós, resultado de quebrantos que nos foram postos. Essa escassez deve ser transmutada em presenças

---

[29] Ver Byung-Chul Han (2017).

vibrantes, pujantes de vivacidade, alargadoras de gramáticas e de mundos.

O trato seria, então, um diagnóstico profundo do assombro, essa espiritualidade (lógica) que mantem a regência colonial como único horizonte possível. Feita a leitura do problema, se sacam as formas de rasura, de borrar esse estado com a força dos saberes praticados e inscritos em gramáticas não dominantes que plantam vida e contrariam a paralisia ali posta. O xamã não subestima aquilo que manifesta terror e violência, tanto quanto não o nega. Ele simplesmente o cruza com forças que reposicionem e façam com que seus efeitos não lhe alcancem. Enfrenta-se a guerra com uma espécie de jogo: 'tira daqui, bota ali, tira de lá bota cá'... É fundamental lembrarmos o caráter dinâmico e cíclico da existência, assim como recordarmos que aprender a roçar vida é fundamento anterior ao aporte do colonialismo em nossas margens.

A questão da educação como ato de descolonização pode ser lida de muitos modos, aqui escolho enfatizar aspectos ressaltados no entroncamento entre os 'sentires' de Fanon, Freire e hooks. Em uma primeira esquina, as dimensões do reconhecimento da dominação colonial como guerra e linguagem[30]. Em uma segunda dobra, a emergência da quebra da lógica colonial; a compreensão dialógica que ata colonizador e colonizado, oprimido e opressor; e a demanda

---
[30] Ver Frantz Fanon (1969, 2008).

por ações de libertação desse sistema[31]. Na terceira curva, a imersão em si; a teoria como cura, já que não há desassociação entre teoria e prática; o conhecimento como autoconhecimento, prática cotidiana e ação responsiva[32].

Tomado pelo diálogo entre essas presenças, invoco suas palavras de força para mobilizar energias necessárias ao enfrentamento da demanda colonial. São elas: o amor e a fúria[33]. A descolonização é uma aprendizagem que se tece nesse enlace, nesses nós que são também desate, que faz cruzo para transmutar a neurose, a obsessão e a tara de um mundo cindido. A colonização plasma uma linguagem somente possível na produção de oposições em que a legitimidade de uma existência se dá na subordinação da outra — e determina muitos a uma condição de impossibilidade, já que ela se manifesta como algo não sustentável, ecológico, responsável, ético e amoroso. É a rapinagem, a destruição, o crime, o adoecimento e o desequilíbrio da diversidade que sustenta o planeta sendo contados como marketing de desenvolvimento civilizatório. A política colonial, por estar fundada na ordem de um "eu" absoluto, se faz dissimulando sadismo em forma de mentira.

---

[31] Ver Paulo Freire (1987, 2014).
[32] Ver bell hooks (2019).
[33] O trato dessas noções estabelece diálogo com a obra cinematográfica "Uma história de amor e fúria", do diretor Luiz Bolognesi (2013).

É por isso que a educação parida do colonizado em ânsia por liberdade[34] é uma maneira de 'defesa e ataque, ginga de corpo' que se faz entre amor e fúria. Ela inscreve invenção em meio à tragédia, à beleza e à batalha. A colonização como uma máquina de destruição da dignidade dos viventes, sejam eles classificados como humanos ou não, só compreende a vida como algo utilitário[35], que opera uma grilagem existencial. Para que essa tomada de posse aconteça, ela faz uso de um amplo repertório de violências. E um de seus principais métodos é a produção de humilhação.

Lida como uma categoria do chamado "senso comum", e por isso descredibilizada por muitos, a humilhação é um dos elementos primordiais na produção do ser como algo em permanente desvio e encarcerado existencialmente[36]. A elaboração dos contratos que regem o Novo Mundo — pautados nas classificações de raça, gênero e patriarcado e na oposição cultura versus natureza — produziu não somente o extermínio físico de populações e ecossistemas, mas o sistemático atentado contra a vida como esfera da plenitude. A humilhação como um modo de subordinação é como um assassinato contínuo que não aniquila o corpo biológico, mas as esferas sensíveis do existir.

---

[34] Menção ao pensamento e à obra de Mestre Pastinha (Vicente Ferreira Pastinha, 2013).
[35] Ver Ailton Krenak (2020).
[36] Ver Frantz Fanon (2008).

A educação como prática de liberdade e como ação responsável atua integralmente na defesa da dignidade existencial dos seres afetados pela humilhação produzida sistematicamente pela dominação colonial. A educação não pode ser conformada com a desigualdade, a violência e a exclusão; não pode ser apaziguadora das tensões e dos conflitos próprios dos oprimidos; assim como não pode ser contrária aos que se rebelam contra a indolência desse sistema. Ela não deve, ainda, pactuar da disputa por um lugar na salvação, já que se faz na liberdade em elaborar e reivindicar um mundo e um modo de vida em que nada nem ninguém precisem ser salvos.

Assim, a educação também se expressa como ato amoroso, uma inscrição afetuosa e solidária que sente e vibra no tom da partilha, reconhece o dom da vida como evento cíclico e ecológico e, por isso, se envolve ao invés de se desenvolver[37]. Mesclando amor e fúria, se trançam no tempo atos responsáveis daqueles que foram e vão ao campo de batalha roçar esperanças da descolonização como um horizonte de busca permanente pela liberdade. Feito mandinga em ânsia por bater asas, nos é dada a lição no pé dos tambores que dobram para sustentar o giro do mundo. Assim, batemos cabeça, a descolonização é uma prática educativa. Nesse jogo, seja para destravarmos os nós

---

[37] Menção ao pensamento de Antônio Bispo dos Santos (Nêgo Bispo).

do corpo ou nos refazermos nas voltas da roda, ou seja, para dar uma rasteira nos afoitos, não se faz nada só. É preciso ter malícia, manha, soltar o corpo fazendo dele brinquedo e arma. Brinquedo para celebrar o dom da vida, e arma para defender a dignidade.

Por mais que o colonialismo não detenha aptidões racionais[38], pois se inscreve como violência em estado bruto, sua presença, sua motricidade e seus efeitos têm caráter fantasmagórico. O enfrentamento da demanda pede a mobilização de energias e sensibilidades que despachem o carrego que ele é. Para isso, é necessário uma educação que nos envolva em aprendizagens que recuperem, acionem e utilizem repertórios transgressores dos parâmetros coloniais. Nesse sentido, não há um único termo a ser invocado para dar conta desse projeto, o seu caráter é criado a partir de agenciamentos mediados pelas experiências de ser e saber dos colonizados. É preciso ressaltar que a luta por descolonização se faz com memórias e sabedorias presentes antes mesmo da primeira sensação do acontecimento colonial. Hoje, o caráter principal dessa luta continua sendo a reivindicação pelo direito de existir plenamente como uma condição da diversidade do mundo.

Descolonizar é um ato educativo que parte da capacidade de lutar incansavelmente pela dignidade

---

[38] Essa passagem estabelece um diálogo direto com Frantz Fanon (1969).

existencial dos viventes, pela diversidade, e pelo caráter inconcluso das coisas. Essas características lançam seus batalhadores diante do primado de uma ética cosmopolita que conflui inúmeros valores não dominantes. Nesse caso, é necessário não somente desaprender do cânone como se lançar em disponibilidade para aprendizagens de modos produzidos como esquecimento. Daí, a tarefa curativa da educação: soprar em nós os pós feitos de corpos que bailam nas voltas do tempo e são capazes de alcançar as profundezas de nossos silêncios, nossas dores e forças; tocar na dimensão sensível de nossas presenças, convocando os diferentes "eus" que nos habitam, dentro ou fora, para confluir e rememorar que somos força criativa e geradora desde tempos imemoriais.

# Exu e Paulo Freire

*Para as esquinas do mundo*

Enquanto a educação se expressa como um radical da vida, a colonização se manifesta contrária a ela. Essa afirmativa ginga para catar o vazio em que o corpo se fará presente. Tome cabeçada, passa-pé e chapa de frente. A colonização é uma maldição, uma vez invocada não se desfaz. Vencê-la tem a ver com destroná-la, implica jogar com a astúcia das batalhas que domam os bichos brabos, aquelas que submetem o assombro à força do encanto. Por aqui a ordem do dia é a do jogo. Ah, meu sinhô, não me venha com esse papo de trabalho em um mundo que transformou tudo em negócio. Bote para rolo, venha vadiar: 'Oi sim, sim, sim... oi não, não, não! Hoje tem, amanhã não. Hoje tem, amanhã não!'.

A frase que abre essa travessia não parte do esquema dicotômico comumente usado pelas mentalidades obcecadas pelos caminhos retos. A tarefa, agora, é praticar o 'cruzo'[39] feito o moleque que empina pipa

---

[39] Ver Rufino (2019).

na laje, os corpos que não se aprisionam pelo pecado, e a reza encachaçada atirada ao meio-fio. Que banda é essa que na ânsia de dominação de uns acabou sendo cruzada? Firmo que o cruzo não concilia, não ameniza e não apazigua nenhuma violência produzida contra as diferenças de um mundo plural. Pelo contrário, ele ressalta o conflito. Não o bélico, que só entende a lógica do extermínio, e, sim, o tido como caos que demanda diálogo na diferença e na responsabilidade dos atos. Dito de outro modo, demanda um certo jeito de corpo, de até escorregar, mas sem cair. De bater para não levar.

Se a educação é um fenômeno próprio da vivacidade dos seres e faz com que esses sejam falantes e escritores em múltiplas linguagens circuladas na diferença, podemos considerar que é impossível a colonização produzir alguma experiência educativa. Essa afirmativa parte da prerrogativa de que não há educação sem ato responsável. Ou seja, aquilo que é descomprometido com a dignidade existencial do outro como algo fundante para si não pode ser considerado como educação. Dessa maneira, a colonização consegue até os dias de hoje perpetuar seu modo de imprimir uma política contrária à vida por meio de um modelo de escolarização/catequese que reduz as experiências possíveis ao que que está compreendido em sua agenda.

Se o colonizador faz o colonizado e a existência do colonizado expressa o principal elemento do poder colonial, como romper com essa lógica? Essa é uma das principais questões que mobilizam o caboclo patrono da educação brasileira. Como alguém que 'supravive'[40], invoco-o para um jogo, uma vadiação, refazendo a questão a partir de um sentir/pensar capoeirista: como entrar saindo e sair entrando dessa lógica? Não para permanecer totalmente dentro nem fora, mas jogar, gingar e movimentar no dentro/fora, no fora/dentro e sucatear esse sistema. O enfrentamento da lógica colonial parte de um entendimento capoeirístico que entende que o vencimento da demanda é um destronamento, um desbunde, uma capacidade de minguar os outros e gargalhar do seu tombo.

'Jogo de dentro, jogo de fora... jogo bonito esse jogo de angola'... Peço licença a Freire para cantar seu verso à minha maneira: a educação como prática de liberdade diz sobre a emergência de reposicionar os seres não mais como oprimidos, livres da dissonância que confunde o status de dominador com alguma impressão de dignidade existencial. Assim, há de mirar outro caminho, talvez formas que cacem soluções em uma via não explorada nessa regência maniqueísta. A vocação do 'ser mais' como um curso a ser perseguido nos coloca definitivamente na encruzilhada. A encruza, por sua vez, é entendida não como zona limite, mas como caminho, campo de possibilidade, travessia no tempo/espaço que nos refaz e nos coloca a fazer da vida um inacabado diálogo com o outro.

---
[40] Ver Rufino e Simas (2018).

O encontro de Paulo Freire com Exu é inevitável. Não há reza que desfaça essa sina. O compadre precede Freire, constitui Freire, dinamiza Freire, contradiz Freire, comunica Freire, encruza Freire... Saio em defesa de que a presença de Exu como saber praticado nas bandas de cá do Atlântico é um dos principais indicadores da não redenção do projeto colonial. Em outras palavras, só não digo que ele é decolonial[41] porque não quero pegar uma quizila com o catiço, afinal não é dado a classificações. Exu encarna em si o "anti/pós/des/de/contracolonial" e tudo mais o que quiserem inventar. Ele engole, regurgita e vomita, o que não quer dizer que assume uma identidade antropofágica. Seu princípio é outro, ele é a mola propulsora de tudo que existe, existiu e a inda irá existir.

Exu como princípio explicativo de mundo, que versa acerca das presenças, linguagens e relações, é um radical educativo. Faço essa afirmação com base no entendimento de que o que fundamenta a sua existência e o que é fundamentado por ele são também as bases que compreendem o fenômeno educativo. Temos, então, uma encruza de três caminhos. Na

---

[41] O termo "decolonial" deriva de uma orientação teórica reivindicada por um grupo de pensadoras e pensadores latino-americanos que saiu em defesa de um pensamento crítico a partir dos subalternizados pela modernidade capitalista. A palavra invoca uma série de ações transdisciplinares para contrapor as formas dominantes de caráter eurocêntrico de produção de conhecimento histórico e social. Ver Oliveira (2018).

primeira dobra aponta-se a presença desse saber como uma das marcas da disputa por um mundo que insiste em contrariar a dominação colonial. Dessa forma, é possível sentir, interagir e praticar o mundo a partir de outro senso estético e ético. Na segunda, a intersecção de um modo de educação que compreende experiências do ser e saber e suas ações no tempo e espaço, que está assente em uma prerrogativa transgressora dos parâmetros de dominação. Na terceira, a exposição da cara de pau do projeto colonial no que tange ao seu caráter dissimulado, que jura promessas e intenções civilizatórias, principalmente quando surrupia o termo educação para produzir escolarização/catequese de sua agenda monológica.

É, minha gente, ainda haverá quem pinte o diabo a quatro para justificar o injustificável. Fazem o malabarismo que for para manter a retórica de uma política de extermínio e cancelamento propagada ao longo de séculos, que interdita outras possibilidades de sentir o mundo e amordaça qualquer modo de educação que reivindique o que é vital da mesma, a liberdade. Nessas bandas onde o calor impera o povo vive livre do pecado e, ao mesmo tempo, rejeita qualquer alcunha de santidade[42]. Santo feito pelo povo bebe cachaça, cai no samba e faz valia do cristão para penhorar fé em qualquer propósito que lhe garanta o drible do aperreio.

---

[42] Ver Rufino e Simas (2018).

Vamos para o jogo... Exu como uma cosmogonia que inscreve acerca da radicalidade das presenças, dos saberes, das linguagens, ações e relações é estrategicamente amordaçado pela teologia política do projeto de dominação do Ocidente europeu. Sabe aquela história que o caboclo brasileiro vivia cantando aos quatros cantos sobre uma tal palavra "mundo", palavração que ergue realidades e liberdades? Então, minha gente, era o catiço soprando ao seu ouvido, vibrando em seu corpo, fazendo-o confluir para outras epistemes assentadas nas esquinas do mundo do colonizado.

A interdição de Exu é estratégica, pois, ao pintá-lo como o diabo — signo que em muitas culturas não brancas não encontra um correspondente —, se infere violência colonial na dimensão cosmológica, ação que se aproxima do que Catherine Walsh[43] chamou de "colonialidade cosmogônica" ou do que Ailton Krenak, em diálogo com o xamã ianomami Davi Kopenawa, nomeia "desabamento do céu"[44]. Em outras palavras: é a destruição dos mundos plurais e o soterramento de seus praticantes pela arquitetura colonial. No que tange ao orixá, há algo que a dominação não contava, mas entendeu, que é a incapacidade de fixá-lo e aprisioná-lo, assim como a sua capacidade de se reconstruir de qualquer caco (Yangí). Exu como protomatéria da existência dinamiza tudo que existe através do caos.

---

[43] Ver Catherine Walsh (2009).
[44] Ver Davi Kopenawa e Bruce Albert (2015).

Uma das hipóteses que sustento é que a lógica colonial não o fixa como o diabo por ignorá-lo, mas sim para negar e censurar a força criativa que transgrediria seu projeto de poder, controle e classificação de tudo. Portanto, fazer dele o demônio, interditá-lo, é para a colonização uma tarefa cotidiana que se atualiza ao longo dessa guerra. Da mesma maneira, praticá-lo como inscrição contrária a essa lógica também é uma forma de ir ao campo de batalha.

A educação, no que tange aos humanos, não se faz sem que existam experiência, linguagem, diálogo, dúvida, crítica, diversidade e liberdade. Por isso, ela tem como fundamentos a alteridade, a ética e o caráter inconcluso dos seres. Todos os aspectos são também princípios e domínios do orixá, e nos mobilizam para aproximá-lo da educação ao ponto de pensarmos o próprio como um modo educativo. Ressalto que outros inúmeros princípios cosmológicos podem servir de orientação política, epistêmica, ética e estética para problematizarmos a educação, mas enfatizo a força de Exu quando atrelamos a educação à questão colonial. Sua transformação no diabo e o achamento da educação como escolarização/catequese da agenda curricular colonial são emblemáticos de como esse projeto penetra aqui grilando terra, corpo, linguagens, mentalidades e subjetividades.

O que são os seres para Exu se não pedras que atravessam o tempo e diante da colisão com os outros se transformam? A pessoa, para o orixá, é sempre algo múltiplo e inacabado que tem a dádiva de poder se postar na encruzilhada do mundo, catar o que está a passar e experimentá-lo como aprendizagem. O que é a pessoa para Paulo Freire se não aquele que tem a vocação ontológica de 'ser mais', romper com a lógica da subordinação que instaura a condição do oprimido e fazer da sua travessia no tempo um ato de amor e liberdade?

É, meu povo, se é para fazer fé no jogo vamos de cabra. Pingo uns réis e improviso um verso: 'soltaram a cabra preta no meio da calunga. Ela rodopiou os quatros cantos e foi bater lá na porteira, bebeu caninha na segunda-feira'. Por que Exu é demonizado? Por que se amordaça a educação? Qual projeto de Brasil se vigora no cruzo dessas questões? Para colorir a esperança no horizonte de um tempo, Paulo Freire firmou a aposta no 'inédito viável'[45]. Já nosso compadre está na encruzilhada convidando-o para desossar essa cabra, comer pedaço por pedaço, e do seu couro fazer tambor para repicar o arrebate de outro tom que descompasse a marcha imposta por esse carrego colonial.

A ordem é descumprir o que foi posto como ordenação para um certo progresso. Confuso? Não. É fazer do erro, acerto; e do acerto, erro. Não há mundo acabado. Não há nada que não possa ser transformado. Qual é o mundo a ser erguido vivendo uma

---

[45] Ver Paulo Freire (2014).

condição de 'situação limite'[46]? Quais são os 'atos limites' a serem lançados para que possibilidades emerjam abrindo outros caminhos? Ao contrário do que muitos pensam, a condição do oprimido não é estar lançado em uma encruzilhada, uma espécie de beco sem saída. A condição do oprimido é estar submetido pelas solas das botinas dos opressores. A encruzilhada é o tempo e o espaço entendidos e praticados para que esses inéditos viáveis saltem, reposicionando a condição e a capacidade de inscrever uma outra resposta — que, por sua vez, terá de ser responsável com a encruzilhada, fazendo valer a máxima de que na encruza toda esquina é centro.

O mito em que Exu ganha o poder sobre as encruzilhadas[47] marca a disponibilidade do orixá em se atentar para as coisas do mundo, aprender e reconhecer que tudo o que atravessa a encruza da existência tem algo a ensinar, mas o mais importante é a responsabilidade que cada um ou cada coisa devem ter ao fazer a travessia. Me alumbro com as travessias de Freire na educação, com os seus atos que reverberam energias que avivam aqueles que se permitem ser interpelados pelo velho. Matuto no breu de um sonho alumiado por uma vela no canto da porta que o patrono da educação brasileira vira no catiço e cospe cachaça e palavras de força para desconjurar esses

---

[46] Ver Paulo Freire (2014).
[47] Ver Rufino (2019).

kiumbas que insistem em pregar o nome 'educação' para amortalhar a liberdade de nossa gente. Falam que é em nome de Deus e da família, mas a nossa parte a gente quer em samba para botar o corpo para jogo em liberdade.

Paulo Freire vai na encruzilhada firmar ponto de trabalhador. Mesmo virado no catiço, ele não passa batido das chamadas que são necessárias de serem dadas e o refazem no tempo. Exu é homem e mulher, é mais velho que o próprio tempo e é também criança, roda a saia e mostra o ogó[48]. Uma educação como ato de descolonização arreia 'pedagogias do oprimido, da esperança, da indignação, da autonomia e das encruzilhadas'. Nesse alguidar pode botar dendê: não há descolonização sem um giro político e poético em que a libertação dos oprimidos perpasse por educações para as diversas formas de vibrar no mundo. Afinal, se arreia na encruza porque é de lá que se abre caminho.

Cantarei para subir. Aquele que é pintado por uns como deus e por outros como diabo firmou ponto na 'dialogicidade', portanto é um ser em 'cruzo'. Ganhou uma garrafa de marafo e levou na igreja para o padre benzer, por isso a educação para roçar esperança e boniteza precisa ser versada no encante. Chamemos para o jogo Exu e Paulo Freire. Pede-se uma volta ao mundo para alongar o giro, a gira, baixar novamente no pé da roda e recomeçar a jogar. Se o nosso compadre é

---

[48] Instrumento fálico de Exu.

sempre um elemento terceiro, o que habita e faz estripulias entre 'o eu e o outro', quem será Exu nesse jogo? Aquele que joga com o patrono da educação brasileira? Será que é o próprio Paulo Freire? Será que sou eu que conto esse enredo? (Gargalha...)
*Laroyê!*

# A gira descolonial[49]

*Para os campos de batalha
e a sereia no mar*

"Ele atirou, ele atirou e ninguém viu... seu Tupinambá é quem sabe onde a flecha caiu!" O verso que abre este capítulo é um ponto de encantaria. Entoado nas giras brasileiras, ele abre caminho para que a caboclaria que por aqui baixa brade suas inscrições de força, percepção e interação com os muitos tempos e espaços que confluem na chamada existência. Um canto como esse não é uma mera ilustração que posiciona imagens do imaginário sobre os nativos daqui. Esse verso, ponto cantado, é uma arma, um feitiço de cura dos afetados pelo conjunto de violências trazidas nas naus do desenvolvimento capitaneadas pelos fantasmas da espoliação e rapinagem.

---

[49] A ideia de uma 'gira descolonial' foi cunhada primeiramente pelo professor Celso Sanchez (UNIRIO). Agradeço a sua generosidade no diálogo, o convite para pensar e o estímulo para escrever sobre essa proposição.

Como todo feitiço é duplo, essa encantaria fala de cura, mas também da capacidade de contra-atacar esse sistema. Como quem vai à mata munido de uma única flecha, a atiro no tempo, confiante de que o caboclo saberá onde ela cairá. Desde que a colonização aqui se fez existem inúmeras formas de luta que se deram contra esse sistema. Como classificá-las? Talvez, não nos caiba insistir em uma única palavra que dê conta das experiências contrárias a esse sistema. Como ele permanece até hoje, o que nos cabe é lançar as flechas que o acertem. Os viventes daqui ou de qualquer lugar do planeta afetados pela colonização já sabem quais são os modos contrários a esse modelo, e conhecem meios de transgredi-lo mesmo sem utilizar certas nomenclaturas. Portanto, a descolonização não é meramente um conceito, mas uma prática que integra a emergência pela cura e pela liberdade, que batalha pela dignidade do existir, com todas as linguagens possíveis.

A descolonização não pode ser esvaziada de seus sentidos. As batalhas não se sustentam somente com boas intenções, é necessário ganhar corpo e chão. Assim, aqueles que invocam a palavra como mera alegoria não honram as flechas atiradas nas funduras desses mundos que estão a guerrear. Antes de qualquer disputa que compreenda o sentido do termo, é necessário firmar que a sua inscrição emerge principalmente como algo inalcançável pelos aquebrantados pela obsessão cartesiana.

A descolonização é a explosão muscular, sanguínea, existencial e semântica dos corpos que batalham por liberdade[50]. Antes de se fazer compreensível na métrica do que chamam de razão, ela deve bater o facão embaixo para ver o tombo de quem se acostumou a olhar por cima. Existe aqueles que não se atentaram ao ritmo do jogo e insistem na afirmativa de fixá-la como marco das independências, mas hoje podemos dizer que esse entendimento é pouco diante da demanda a ser vencida. Se a colonização tem como principal marca a instalação de uma guerra, e se a guerra permanece ainda hoje, como dar outro tratamento que não seja manter a reivindicação por um rompimento com essa lógica?

Por aqui paira uma conveniente inocência[51] que insiste na apaziguação do conflito, porém esse jogo de cena não interrompe o contínuo de violência e o ataque aos corpos a serem dominados. Quando falo dos corpos como alvo não me refiro somente àqueles que foram aprisionados como sendo o 'outro' da conjunção branco/macho/adulto/cristão. Falo, também, de planta, bicho, chão, água, palavra, saberes, espíritos e sonhos. Ao contrário do que muita gente que se acha sabida pensa, tudo que há no mundo tem corpo para bailar. Portanto, a questão da descolonização não demanda

---

[50] Ver Fanon (1968).
[51] Menção ao conceito de 'inocência racial' cunhado por Tania Hernandez (2013).

somente um giro enunciativo, não se dá apenas sobre a emergência de narrativas que confrontem e desestabilizem o discurso dominante e a história que quer ser única. A flecha já atirada pelos caboclos, que se encantaram no tempo e nas coisas do mundo para continuar a guerrear, diz que descolonizar demanda não só um giro, mas uma gira.

A mesma folha que cura é também a que mata. Remédio e veneno fazem morada no mesmo corpo[52]. Muito se perdeu ao longo dessa peleja de mundos, mas muito ainda pode ser aprendido. Não basta catar a folha, é preciso saber cantá-la[53]. Não basta invocar a descolonização ou qualquer outro termo que se queira equivalente, é preciso estar sensível, atento, disponível e irmanado com os espíritos guerreiros que fazem da palavra e do ato sua morada. A descolonização não pode ser um fetiche conceitual nem uma clave para a conciliação com aqueles que se beneficiam das injustiças sociais, cognitivas e ancestrais que pavimentam os chãos das colônias. A palavra, uma vez dita, não volta à boca; não se volta atrás. Ela é corpo, presença e instauração do acontecimento em si. Sabe aquele conselho valioso dos mais velhos, "cuidado com o que se diz"? Pois é. Na palavra cabe o mundo, assim como também se inventa o mundo. A 'descolonização' é parida da mesma vibração existencial do 'colonizado', daí a responsabilidade e o compromisso com ela.

---

[52] Ver Rufino e Simas (2019).
[53] Aforismo dos terreiros no Brasil. Ver Rufino e Simas (2019).

Certa vez, fui interpelado por um caboclo. Ele me entregou uma folha e disse: "Meu filho, você não vai cantar a folha para ela se encantar?". Respondi que não sabia a cantiga para despertar o espírito adormecido ali. Ele me mirou nos olhos e falou: "Como assim, meu filho, você não sabe? Já vi tantas vezes você cantar para mim. Vou versar uma vez para ver se você 'alembra': 'Vestimenta de caboclo é samambaia, é samambaia, é samambaia... saia, caboclo, não se atrapalha, saia do meio da samambaia'"... O caboclo novamente me perguntou: "Agora você lembra, né?". Gesticulei com a cabeça confirmando e em seguida ele disse: "Essa prosa toda, seu moço, é para dizer que a folha e o caboclo são tudo a mesma coisa".

O movimento do giro para a gira, e vice-versa, destaca algo importante no curso da crítica ao colonialismo e das múltiplas leituras sobre a temática. Esse destaque bebe na coité do caboclo e conflui com a contribuição de muita gente que enfatiza a não possibilidade de um giro descolonial, nos termos de uma virada epistemológica (conhecimento), sem que ele seja também étnico-racial, de gênero, 'multinatural'[54] e 'biointerativo'[55]. Dessa maneira, a gira comportaria essa dimensão, já que em sua dinâmica, que instaura

---

[54] Menção ao conceito de 'multinaturalismo' de Eduardo Viveiros de Castro (2002).
[55] Menção ao conceito de 'biointeração' de Antônio Bispo dos Santos (2015).

uma motricidade (giro), a presença, enquanto inscrição do ser e reivindicação de uma identidade política, é o caráter primordial do evento.

A descolonização como processo de luta e libertação da dominação de modos de existir, conceber e praticar o mundo se dá como uma contínua batalha do colonizado em firmar sua presença no tempo/espaço, fazendo com que as vibrações desse ato mobilizem deslocamentos na ordem vigente. A descolonização não é milagre, nem uma mudança de posições, é uma transgressão do que é imposto, uma ação tática que contraria as dimensões de poder desse projeto e inscreve outras possibilidades de mundo via alargamento das experiências. Como em uma gira, é um campo de batalha no qual se convoca as presenças subalternas para, a partir de suas escritas, lançar mão de saberes e tecnologias ancestrais que operem como procedimento de cura e arma. A função da gira é confluir múltiplas presenças e saberes em prol do cuidado dos seus e do vencimento das demandas postas. Se os efeitos da guerra colonial mobilizam uma forma de carrego, a função da gira é afastar, quebrar e despachar o tal. Assim, para o enfrentamento do carrego colonial se faz necessária uma gira descolonial.

A gira descolonial nos lembra que não basta catar a folha, é preciso saber despertar a espiritualidade residente nela, pois o problema da descolonização não é apenas epistêmico. A questão do conhecimento precisa estar imbricada ao caráter ontológico e cosmogônico, já que todo saber se manifesta por meio de um corpo e fala desde um mundo que lhe é próprio. Se o caboclo é a folha, ele também é a flecha que ele mesmo atira e sabe onde cai. Sabendo caminhar em tempos e espaços que não alcançamos, ele — junto com toda sua banda— nos sopra uma política não preocupada com como será nomeada, mas firme em seu propósito de contrariar a toada de desencante. Os caboclos sabedores das manhas da gira ergueram-se não como sobras viventes desse mundo em escombros, nem como meros sobreviventes, mas como 'supraviventes'[56], espiritualidades guerreiras que batalham em prol da vida. O caboclo brada e por bradar não se fixa em classificações, ele simplesmente brada e faz de si a cura e o veneno para vencer a demanda.

Viremos caboclo, já que nada se encerra aqui. Todo santo dia haveremos de despertar. Seja noite ou dia, o pesadelo nos espiará caçando uma brecha para impor o medo. Estar nesse grande tempo implica bendizer, puxar um rezo, um jeito de fechar o corpo antes de se levantar. Nas horas que avançam enquanto há sol, recordemos o que na escuridão vieram nos dizer: sabiá não cantarola por gosto, mas por obrigação. O pássaro que visita o sono só apanha o que está no ar, daí seu piado atravessa feito pergunta que de tão boa não precisa de resposta: vosmecê alembra dos cantos da tua gente? Faça um giro para cair na gira.

---

[56] Ver Rufino e Simas (2018).

Quando a doença aqui aportou trataram de amordaçar a aldeia com palavras que não sentem o espírito da mata. Não só a amordaçaram, mas a asfixiaram de civilização. Mais doído que cair é não se lembrar daquilo que era e ver crescer as catedrais e o culto desse esquecimento. Vamos lá, busque longe, 'se alembre, o pássaro tá contigo pra catar no ar o que não se destrói'. Essa é a fragilidade de quem quer dominar, se impor na violência, esquecem que o espírito da natureza não se prende. Então, insistem na marcha, fazem tratados de morte, acendem o desejo do extermínio, justificam a mortandade e santificam homens. Eu pergunto: por que não nos engoliram? Ah, sim, homem branco não conhece o espírito da natureza.

Vocês que me escutam ainda podem chamar pelo pássaro, ele apanha o que tá no ar, ouça o piado na escuridão de si, se alembre das rezas de sua gente. No horizonte espreito uma mironga que me faz virar bicho, apanho uma folha que guarda os segredos que não te contaram, embebido de sonho sopro a fumaça para afugentar o mau agouro. Os capangueiros ainda não voltaram, no estrondo se perderam, mas de onde não os enxergamos estão segurando o céu para que daqui a gente honre as batalhas. Cate em ti os grunhidos que ali habitam, as batidas e o ritmo que te lançam nessa espiral chamada existência, ou se deixará aquebrantar de vez com a vaidade dos homens? Amanajé, o mensageiro, te levará as lembranças da queda d'água, da beleza do araçari, da coroa de areia feita pelo mar e das noites de lua que imantam de mistérios e magia a mata e nossa gente. Daqui cantarei em silêncio para que, quando descansarem os olhos, os flecheiros guardem os portões de vossos sonhos e em meio à travessia se alembrem dos rezos de sua gente. Cada palavra invocada e que faz morada nessas folhas é para lembrar que em todo canto tem morador, só é preciso cantar com zelação para despertar a espiritualidade que nela reside. Nos encontramos na gira!

# A escola
# dos sonhos

---

*Para as escolas e os dendezeiros*

Todo dia vou à escola. Uma escola que habita em mim e me faz lembrar o quanto eu sou miúdo quando me permito matutar as coisas do mundo abraçado pela sombra da palmeira. Se tem algo que persigo desde quando me percebi adulto, alterado pelo acúmulo de coisas apresentadas ao longo do tempo, é caçar nessa "adultice" o menino que ainda sou. Não é porque uma pessoa tem a idade que for que ela deixa de ser o que ela era quando estava nisso que convencionamos chamar de infância. A sabedoria de rodopiar nas voltas dessa espiral conhecida como existência está exatamente na capacidade de encontrar a meninice no velho e a força do tempo naquilo que é movido pela curiosidade, pela brincadeira e pelo descobrimento das coisas.

    A escola que é uma palmeira me tira da pressa das certezas à medida que vai deixando suas sementes em minhas mãos para, ali, eu aprender com a capacidade de fazer perguntas. Com o tempo não medido em uma reta, mas com suas pontas unidas, adentro as salas de aula, seus livros, seus mestres e suas lições. A cada semente que fica nas mãos, um traço dos caminhos que descortinam as possibilidades de um mundo que encontra soluções no improvável. Se a educação é um radical da vida, por que não enxergarmos as muitas escolas que estão por aí?

Enquanto alguém que se dedica à educação, sou constantemente interpelado com inúmeras críticas à escola. Os questionamentos são sempre bem-vindos quando ressaltam a escola como tempo e espaço de disputa por experimentações e pela defesa de um mundo plural e falante de múltiplas línguas. Quando as menções descredibilizam a escola de sua força e a simplificam como mero espaço de reprodução, faço uma finta, lembro da escola palmeira e percebo que a floresta só se ergue com a interação de diferentes árvores e seres. Para trilhar esse rumo tendo a propor algumas perguntas para cruzar os discursos que reduzem a escola e as experiências educativas como sendo uma única coisa. Fazendo perguntas proponho o caminhar. Na medida em que elas surgem, a prosa se alonga e topamos em caminhos que já estavam abertos, mas não enxergávamos.

No Brasil, a educação escolar comeu na gamela da colonização, foi investida para perpetuar as dimensões de saber e poder do modelo dominante. A catequese operou como escola, e a escolarização da colônia pela metrópole plasmou um currículo que não é restrito aos herdeiros do seu protetorado. Pelo contrário, seu conteúdo está em todos os lugares e em diferentes bocas, disseminando as linguagens que sustentam o padrão de existência que divide o mundo em opressores e oprimidos, colonizadores e colonizados. Vivemos em um país blindado pela égide do Estado colonial, com o racismo, a escravidão, o patriarcado, a grilagem e o furto como motores do acúmulo econômico que se concentra em uma parcela ínfima de sua população. Por aqui ainda é recente a democratização do acesso à escola, sendo essa ainda mantenedora da mentalidade dominante e alvo da cobiça daqueles que só enxergam lucro. Tendo esses aspectos como formadores de nosso chão, qual é a avaliação que podemos fazer da escola, sem que não nos reconheçamos como parte desse problema?

Herdeiros da catequese como prática de escolarização do primado colonial, acabamos por reduzir o problema a uma lógica maniqueísta, destituindo a educação de vivacidade. A escola deve ser habitada pelo conflito produtor de invenção, ser o lugar de questionamentos, responsável com o diálogo e favorável ao reconhecimento do nosso caráter inconcluso e, por isso, emergir como um terreno propício para tramar esperanças. Porém, isso passa muito longe do que temos atualmente. A escola reflete e refrata a lógica de um mundo que nos conformamos a ter, mas que não é o ideal, pois não é justo com a vida em sua plenitude. Dessa forma, se a nossa tarefa é a transformação, nos cabe batalhar pelas escolas que queremos.

Existe quem acredite que a luta por descolonização não se coaduna com a escola, mas eu não estou de acordo com este pensamento. Pergunto a vocês: a quem interessa e favorece a perda da escola como tempo e espaço de presença e luta cotidiana? Fixar a escola como mero lugar de reprodução do modo dominante é desconsiderar a emergência dos cotidianos que a cruzam e dos viventes que a praticam com corpos vibrantes que disputam a vida a todo momento. Não à toa, há um padrão que diz quem são aqueles que, ali, serão determinados como bem-sucedidos ou fracassados. A questão é que, diante da complexidade de um tempo aquebrantado no desencante, devemos ser incansáveis em questionar isso com que aprendemos a conviver acreditando ser normal.

Aqueles que não creem que a escola deve ser lida como um lugar de disputa talvez tenham esquecido em qual chão elas foram construídas. Chãos que sustentam aldeias, que se inventaram terreiros, nos quais se enterraram os mortos e os cordões umbilicais, onde se escavaram as histórias antepassadas e se cultiva a esperança da semeadura de um novo tempo. O jogo da educação na escola demanda não somente uma leitura de mundo que preceda a das palavras[57] e das coisas ali aprendidas, mas uma leitura de chão.

O termo 'chão da escola' — comumente usado pelos praticantes da educação para se referir às textualidades

---

[57] Ver Paulo Freire (2006).

cotidianas inscritas nas inúmeras relações e às várias formas de fazer nesse ambiente — pode nos dizer algo a mais, como a emergência de uma escuta sensível em relação aos dizeres dos nossos solos. Dessa maneira, o chão da escola nos convida a nos reconhecermos como seres em relação e responsabilidade com o todo. Se as escolas, sejam quais forem, estão erguidas nos chãos daqui e sendo praticadas das mais diversas maneiras, elas também devem ser lugar de luta pela descolonização. Entendê-las meramente como parte integrante do projeto colonial é simplificar a força das práticas que a cruzam, dos chãos que a sustentam e que reverberam as tensões e os conflitos de um mundo imposto sob a dimensão do cárcere existencial a que grande parte dos viventes daqui estão submetidos.

O chão da escola pode e deve emergir como um lugar propício para uma penetração nas funduras dessa terra e dos seus achados, para remontar repertórios táticos transgressores do quebranto que aqui foi lançado. Nesse tom, haverá aqueles que desconhecem os saberes guardados nos caroços da palmeira, assim como haverá os que sabem lê-los e dessas leituras irão sacar histórias, lições e remédios que nos permitam alargar subjetividades, esperançar e nutrir novos ciclos. A escola deve, então, assumir o compromisso com o seu chão, que nesse caso é o solo de um Brasil profundo que não pode se submeter e conciliar com os abusos de uma nação plantation, cujo nome guarda a quentura do fogo da ganância daqueles insensíveis à floresta, mobilizados somente pela tara da derrubada e do tráfico de seus troncos.

Das mestrias dos dizeres do chão fica a aprendizagem de que é necessário 'adiar o fim do mundo' e focar no caráter primordial dele, que é ser 'inconcluso'. Daí, quais histórias 'escritas' e guardadas nas 'vivências' podem ser contadas para suspender o céu, ler o chão e 'confluir' em um envolvimento com a diversidade de vidas que habitam essa casa chamada planeta[58]?

Certa vez, em uma conversa com uma criança, fui questionado sobre como, sendo professor, eu imaginava que deveria ser a escola do futuro. Tendo como base um tempo em que as pontas possam ser emendadas, penso que a escola que desejo para o amanhã tem muito do que reside no que não pode ser consumido pelo caráter utilitarista da vida[59]. Recorri às escolas que tenho frequentado, sejam elas de cimento ou a escola palmeira, e dali desenhei o caminho que soprei como resposta. Respondi apostando em uma escola que tem duas características marcantes. Primeiramente, ela deveria ter um corpo docente múltiplo, que nesse caso implica ter professoras e professores mais que humanos.

---

[58] Neste parágrafo miro uma experiência educativa em quatro pontas pelas mãos dadas por Ailton Krenak (2019), Paulo Freire (2014), Conceição Evaristo (2006) e Antônio Bispo dos Santos (2015).
[59] Ver Ailton Krenak (2020).

A criança foi categórica: "Como assim? Mais que humanos? Seriam então extraterrestres?". Fiquei surpreso com o questionamento e matutei por que ela recorreu aos extraterrestres como ideia de 'mais que humanos', quando eu imaginava professores plantas, sementes, pedras de rio, formigas, pássaros e demais habitantes desse planeta. Quando mencionei que temos a aprender com esses seres e suas escolas, percebi que mesmo em uma criança a crença no humano como ser superior aos outros viventes é bastante forte. Recorri ao xamã[60] que nos sopra palavras de força, questiona a seguridade desse seleto grupo chamado humanidade, e busca nos avôs rio e montanha lições de plenitude da vida.

Firmei o ponto invocando a mata como escola e o encantamento, política mais que humana, como pedagogia. Afinal, a escola palmeira tem me possibilitado aprendizagens através dos caminhos apontados por suas sementes. Ali tenho me permitido aprender com as inteligências de inúmeros seres em suas mais diversas formas, que cruzam as barras do tempo para circular experiências atadas nas várias camadas do existir. Quando o dito humano não se apega à sua pretensão de grandeza, ele sente o mundo feito criança e se abre para o segundo elemento que é indispensável à escola que miro: a capacidade de atar perguntas que não obstinam uma única resposta.

---

[60] Ailton Krenak (2019).

Na escola que caço em meus sonhos risco a proposta de que os processos educativos sejam lidos e problematizados a partir da capacidade que os envolvidos tenham de fazer perguntas, e não de dar respostas. A criança, então, saltou os olhos e perguntou: "Desse jeito seria ótimo para as crianças, pois todas seriam aprovadas, né?". Fiquei matutando e questionei qual é a lógica de medição entre sucesso e insucesso que não vasculha as possibilidades inscritas nas itinerâncias do ser? A dúvida como esfera que instaura movimento nos leva a perambular com inteligência, curiosidade e inventividade ao dar o acabamento provisório no que entendemos sendo a vida e o mundo. Investir nas perguntas nos lança na responsabilidade do diálogo e na experiência radical com a diferença.

O que a educação nos pede é disponibilidade para transitar. Afetados pelos processos educativos, como podemos 'vir a ser' sem esse arrebate dos movimentos? A escola palmeira tem dado lições sobre a capacidade de fazer boas perguntas e apostado que o efeito delas é tomado pelo poder daquele que é todo e qualquer meio de comunicação, linguagem e diálogo; que é também o instaurador das dúvidas que fazem os humanos serem desbundados de sua arrogância. O que poderíamos aprender e nos tornarmos em uma escola em que os mestres fossem plantas, rios, árvores de todo tipo, bichos, insetos, pedras e gente e partisse de uma ética de 'biointeração'?

A descolonização não pode ser fetichizada no ir e vir de uma demanda produtivista de discursos que somente tire a poeira das obras, das proteções, dos consensos e dos privilégios mantidos pelo modelo dominante. Nesse sentido, a descolonização não está para a escola como mero malabarismo discursivo que amenize o peso do mundo que é carregado pela agenda dominante e por todos seus apetrechos. A descolonização demanda corpos políticos que possam insurgir, se rebelar e confrontar as opressões mantidas na arquitetura do projeto da modernidade. Pede-se corpo em movimento: seja uma criança que brinca, um punhado de caroços de dendê, uma floresta que se mantém de pé, a cabeçada de um capoeira, as aprendizagens de inúmeras línguas ou as perguntas que desconcertem, confrontem, questionem e narrem outras histórias.

Se a escola tem sido ao longo do tempo um espaço estratégico para a propagação da agenda curricular colonial, ela é também um lugar necessário para a emergência da descolonização, principalmente por ser potente ao 'cruzo'[61] de inúmeras práticas de saber, ser arrebatada pela imprevisibilidade e inventividade dos cotidianos e concentrar parte dos corpos políticos que, ao longo do tempo, são alvos dessa engenharia de destroçar vida e esperança. Cabe à escola ser mais um campo de batalha em que se dispute a descolonização, manifestada na prática como parte da

---

[61] Ver Rufino (2019).

interação entre os múltiplos viventes — e a produção de esperança como sua força motriz.

Tenho firmado que a principal tarefa da educação em uma sociedade como a brasileira é inscrever a descolonização, e ressalto que essa tarefa demanda compromisso, rigor e ação cotidiana e continuada. Assim, ela se fará como uma explosão provocada pela inconformidade dos submetidos ao encarceramento existencial plantado pela dominação. Essa explosão que já se deu e continua a reverberar precisa crescer cada vez mais, ao ponto de pluriversalizar[62] o mundo como falas, jeitos, gingas, gentes, modos, presenças, saberes e gramáticas aquebrantadas por esse sistema monológico. A escola que miro em minhas virações é mais que humana, pois somente o humano não comporta a grandeza e a força do 'vir a ser'. Ela é, ainda, uma escola fazedora de perguntas, já que não se fecha ao mundo e advoga por uma política do conhecimento que seja poética.

Cabe destacar que não há descolonização sem uma política da presença e do conhecimento que transgrida as hierarquias de poder fincadas por aqui. A colonização assassinou milhares de seres; ergueu seu mundo por meio de uma política bancária em que as moedas são almas; rapinou as riquezas do solo; investiu em um sistema político mantido na perpetuação do trauma; e impôs limites existenciais. Talvez, um dos pontos

---

[62] Sobre o conceito de 'pluriversalismo' ver Magobe Ramose (2011).

importantes para o fortalecimento da descolonização na escola é tratarmos esse evento como algo que ainda permanece, e dimensionarmos seus efeitos para além dos aspectos materiais. É fundamental a ampliação da noção de colonização em seu caráter cosmogônico, como uma política de ataque, controle e desencantamento dos aspectos biocósmicos e suas múltiplas gramáticas. Cabe, também, salientarmos a colonização como uma ampla maquinária de destruição da experiência comunitária, tendo por 'comunidade' um sentido pautado nas noções de 'biointeração' e 'confluência', como defendidas por Nêgo Bispo.

A escola que me leva a cultivar um roçado de atos políticos e poéticos é aquela em que possam transitar corpos sensíveis aos dizeres do chão. O chão da escola guarda e conta histórias que ventilaram esperanças que afugentam o assombro colonial. Nela, entre uma brincadeira e outra, descansaremos na sombra da palmeira que nos guardará em tranquilidade e nos dará conselhos de como caminhar suavemente por essa terra. Guardaremos a palmeira e a escola com as nossas vidas, nossas lutas e os nossos amores, ao ponto que não diferenciaremos mais o que de fato é a escola, pois tudo se plasmará na vida enquanto sentido e força comunitária.

# Guerrilha brincante

---

*Para as crianças e as avós*

No mundo que cá estamos, no aterro que custeou a sustentação da Europa como centro, haverá ainda um luar que acenda a beira d'água e, ali, os de vista forte e intuição segura irão ouvir as risadas dos curumins que brincam. Estes descerão dos céus enquanto a cidade desencantada dorme, vão se despir de sua forma de estrela para vadiarem na areia. Na primeira luz do dia retornarão ao firmamento e explorarão outros tempos — e, por aqui, as crianças que então dormiam darão continuidade ao seu trabalho. Assim se faz o ciclo. Alguém arrisca um palpite sobre qual é o trabalho dos curumins? Antes que se apressem, eu digo: brincar. Eles descem das estrelas para plantar a brincadeira cá onde estamos, as crianças dão continuidade a esse plantio. No dia em que a brincadeira imperar, os curumins poderão tirar uma folga e as estrelas serão vistas mesmo sendo dia.

A colonização incutiu traumas e desvios nas crianças, inclusive abordá-la por esse recorte talvez seja um aspecto ainda pouco explorado nos debates que têm a crítica ao colonialismo como principal questão. É inegável que o projeto de mundo sustentado na lógica colonial submete a criança à condição de subordinação de um modo adultocêntrico. A meu ver, uma das principais características que firmam o caráter de uma lógica dominante, sendo também centrada no adulto, é a perda da brincadeira como estado matricial do ser. Como a existência é parte de uma natureza brincante, ela é conduzida como desvio na medida em que brincar não é coisa para adultos, e ser adulto é a condição a priori desse mundo que não brinca — somente produz, consome, descarta e visa o lucro.

Por que brincar? A brincadeira invoca um reposicionamento do ser via corpo, memória, afeto, comunidade, partilha e inacabamento de si. Brincar não é apenas algo reduzido a uma determinada experiência, mas uma libertação da regulação submetida a esses aspectos que compõem o seu ato. Para um mundo que investe na dominação e alteração das formas de se usar o corpo, invocar a memória, sentir o afeto, viver a comunidade e tecer a partilha, a brincadeira como expressão da liberdade do ser é um ato de descolonização.

Para a última dobra desses escritos eu escolhi falar da brincadeira e das/dos brincantes de todas as idades que tanto me inspiram. Acredito, pois cultivo um jeito gaiato de tramar a esperança como plano infalível, que a rebeldia e a inconformidade diante desse mundo sisudo não sejam nutridas somente com dosagens de amor e fúria, mas também com um tanto de brincadeira. Afinal, a lógica colonial é escassa de poesia. Dribles de corpo, gargalhadas, esconderijos, invenções mirabolantes, bodoques, bexigas d'água, exércitos de pés sujos e dedões arrebentados nos paralelepípedos são sempre bem-vindos para ajudar a desatar os nós dos corpos que se acostumaram a permanecer tensos e em prontidão para a batalha.

"Não seja atrevido e nem despeitado, o que eu faço sorrindo você não faz zangado"[63]... Simbora, saia desse quadrado que você acredita que lhe pertence e venha para a roda. Afinal, brincadeira boa é a de roda. Terá quem ache que eu estou pregando peça, que seja um tanto brincalhão em falar de descolonização como inscrição feita por um transbordamento brincante. Como se os efeitos coloniais não penetrassem nas múltiplas dimensões da existência, deixando marcas profundas na cognição e nas subjetividades. Nesse sentido, a brincadeira emerge como força de exploração das linguagens e inventividades que foram esterilizadas pela adulteração do ser — que, agora adequado ao que o regime colonial espera dele, esqueceu de brincar. Me digam vocês, o que a criança faz quando quer explorar o mundo, inventá-lo e se lançar na experimentação das aprendizagens possíveis? Ela brinca.

---
[63] Verso das rodas de capoeira.

Se destrona um rei de muitos modos. Quem julga a questão da brincadeira como algo não pertinente ao problema da descolonização deve ter esquecido que a transgressão brincante foi pintada feito diabo por aqui. O princípio de corpo, palavra, troca, prazer, beleza, festa, caos, revolução e quizumba, o que move toda e qualquer criação e tudo que é inapreensível, é também o princípio brincalhão que habita as esquinas do existir. A que mundo interessa o não brincar? Um mundo que amortalhou o corpo em detrimento de delírios civilizatórios e de uma crença frágil em um ideal de humano. Um mundo que é incapaz de reconhecer que a condição da vida em sua plenitude é sermos vibrantes e livres.

Brincadeira é coisa séria, uma frase clichê que traz o tom do vencimento de demanda de um mundo cindido, obcecado por binarismos. Não caio nessa, conte outra. Numa terra em que não há santo, e os poucos que resolvem baixar caem na roda brincando, quem sou eu para dizer o contrário? Se tem algo que me preenche como sujeito, maneira de praticar o mundo, e palavra geradora de uma educação como descolonização são os sentidos de vadio e vadiação. Por essas bandas se montou um brinquedo de guerra, uma arte que joga o corpo no campo de batalha, faz dele arma e o opera como curativo das violências e traumas que leva o nome de vadiação. O mesmo corpo que é arma é também um inventário[64] de memórias

---

[64] Ver Julio Cesar Tavares (2012).

ancestrais e comunitárias que são reivindicadas com fim tático nas labutas do dia a dia. Eis a capoeiragem, como sairia da boca dos antigos mestres: 'um modo vadio de ser'.

Existem sabenças que se inscrevem com o corpo, a batida do pé no chão e o riso emendado no ar. Em um mundo cindido, a roda, com sua força circular e espiral[65] que alarga o tempo, desobstrui uma série de obsessões dicotômicas e maniqueístas que nao são capazes de sentir fora da metragem imposta pelo Ocidente europeu. A roda de brincar, batalhar e bailar a vida é a grande invenção, podendo vir a ser todo tempo e espaço em que o jogo é praticado. Ali, onde se fia qualquer traço da dialogicidade vadia, se faz roda, terreiro, campo, quintal e mundo. Brincadeira e jogo são perspicazes no trato das pessoas e suas cismas, principalmente no que tange à peleja com as suas dificuldades, dores e dissabores. Se joga por saber que na travessia, na maior parte das vezes, se demanda mais jeito do que força. Se brinca por saber que, desse caminhar que fazemos no tempo, a alegria vale mais que qualquer patente.

Os corpos que são violentados pela lógica colonial apanham na fundura de suas existências e seus elos, no trato de si e do coletivo. Esses passam diretamente por um reconhecimento e um cuidado do corpo como instituição de memória, agência comunitária e

---

[65] Ver Leda Maria Martins (2002).

gramática insurgente. Dessa forma, o ato de brincar está implicado a uma remontagem e um constante cultivo das dimensões fraturadas pela empresa colonial, especialmente no que diz respeito às esferas de memória, cognição, cultura e comunidade.

Retorno à capoeira como exemplo, 'um modo vadio de ser', que comunga da arte de bater firme e florear, entra saindo e sai entrando. A mandinga da brincadeira de corpo pode fazer uma revolução tacando fogo no canavial e pode, também, encantar crianças de dois, três, quatro anos de idade, pois tece diálogos corporais através de movimentos que são próprios dela. Como ouvi certa vez de Mestre Joao Grande: "A criança já nasce no movimento da cabeçada ou saindo da tesoura". Cocorinha, rolê, aú, bananeira, pulo, deslocamento... Elas brincam com esses movimentos mesmo sem conhecer a capoeira.

Na prática cultural do jongo não é diferente. Mesmo sendo uma tradição que tem seus segredos fundamentados nos mais velhos, esses são brincantes e sabem que quem faz o velho é a criança e quem faz a criança é o velho. Ou seja, são modos de experimentação do mundo que têm a brincadeira como laço de integração das crianças com o que Antônio Bispo dos Santos chama de "geração avó". Dessa maneira, é por meio da brincadeira que os mais velhos comunicam para os mais novos os valores da comunidade e de sua cultura. Valores esses que são contrários ao controle do tempo por uma métrica linear. A brincadeira rasura esse tempo linear e proporciona, através de um tempo espiralado, o trânsito, o contato, o deslocamento e a integração entre a criança e a anciã. Mais uma vez indo ao diálogo com Nêgo Bispo, ele nos ensina que no ciclo da vida não há início, meio e fim, mas, sim, início, meio e início.

Quem conheceu Tia Maria do Jongo certamente a ouviu se reivindicar como criança no auge de suas mais de nove décadas de vida. Seja qual for a idade, se entrar na roda haverá caminhos para o arrebate — e ser criança, jovem ou o que mais se quiser ser. Uma criança fala com formigas, com árvores, com vento e passa horas observando a água correr. Uma jongueira faz as mesmas coisas. Quem vê de fora pode até achar que é fantasia, mas pouco sabe que nesse fazer ela extraiu conselhos de como encantar o mundo. No jongo se apanha coisa no ar para vencer demanda, mas também se arranca palavra de onde puder para emendar visaria[66]. Na maioria das vezes, o que dá a cadência de uma vida em que o mal passe longe é cercar o seu quintal com graça.

Certa vez, fui a uma pega de boi no interior do Ceará. Criei expectativas de valentia, peleja e outros sentimentos e sensações que sumiram na poeira e na quentura do dia quando soltaram o boi. O que meus olhos alcançaram foram meninos que, em combinado

---

[66] Como se designam os versos brincantes e irreverentes que são cantados nas rodas de jongo.

de brincadeira com seus cavalos, montaram no vento atrás do bicho que desembestou. Como vocês já devem imaginar, fiquei para trás. Não tive tempo nem de contar a largada. Enquanto os vaqueiros sumiram em segundos, como no pique-esconde que eu brincava quando criança no subúrbio, um velho que se balançava em uma cadeira embaixo de um alpendre gritou: "Seu moço, venha para cá!". Eu fui. Me sentei no chão ao lado do velho e ele emendou: "A gente que não consegue correr na pega de boi vai ficar aqui esperando. Sabe como se espera o retorno da pega?". Respondi que não e ele disse: "Cantarolando". O tempo que ali fiquei esperando o retorno dos vaqueiros junto ao velho o acompanhei na seguinte cantiga: "Olha pro céu meu amor... Veja como ele está lindo. Olha aquele balão multicor que lá no céu vai sumindo".

Minha avó, que era sabedora de tudo um pouco, tinha um chamego com os vaqueiros meninos, um trio de crianças que se encantou na busca por um boi que nunca ninguém achou. Os vaqueiros meninos têm fama de que são capazes de encontrar coisas perdidas, à maneira de São Longuinho, lá nas bandas da divisa entre o pé da serra e o sertão. Minha avó era devota desses meninos encantados, fazia jura de que eles já tinham lhe valido um tanto e que nas noites, antes de dormir, eles faziam zoada em seus ouvidos a atentando para que ela não viesse a perder as coisas de vista. Essa foi a última história que minha avó me contou no nosso último encontro por aqui. Hoje eu matuto com a ideia de que os meninos vaqueiros a lembravam de não perder de vista a meninice, que é também uma forma de encanto. Herdei o xodó com as crianças, com as histórias de encantamento, com a peleja de não perder a meninice como motor da vida e como plantio da minha avó em mim.

O quebranto posto por um modelo desencantado opera na quebra dos ciclos vitais, no desarranjo das memórias e na retirada de liberdade do corpo para experimentar as possibilidades de conhecer, aprender e sentir as coisas do mundo. O que cruza e imanta a educação e a descolonização é a emergência de parir seres capazes de cumprir os ciclos, avivar a memória e libertar o corpo em toda sua amplitude do jugo dessa plataforma instalada há mais de quinhentos anos. A descolonização, no meu ponto de vista, será feita como batalha e cura, da mesma folha macerada irá se extrair o sumo que quebrará a demanda e fechará o corpo. Remédio para uns e veneno para outros. Brinquedo de guerra e jogo de vadiação.

Certa vez, em uma conversa que tinha como mote a guerra colonial, fiz algumas menções sobre a emergência de irmos ao campo de batalha munidos de mandingas. Nesse diálogo eu destacava a necessidade de invocarmos outras poéticas para firmar políticas transgressoras do padrão dominante. Meu interlocutor, atento e sabedor das coisas, me fez então uma pergunta mandingueira com várias camadas de sentido: "Se permanecemos em uma guerra e a nossa vida tem se feito no campo de batalha, qual o momento que Ogum descansa?"[67]. Pedi uma volta ao mundo para recomeçar o jogo. Sabendo que, na pequena ou na grande roda, o jogo nunca acaba, silenciei. Ogum, então, me respondeu que ele descansa quando brinca.

---

[67] Essa pergunta foi feita pelo professor e amigo Thiago Florencio (Universidade Regional do Cariri).

**REFERÊNCIAS**

BARROS, Manoel. *Meu quintal é maior que o mundo*. 1ª ed. Rio de Janeiro: Objetiva, 2015.

BENJAMIN, Walter. *Magia e técnica, arte e política – ensaios sobre literatura e história da cultura*. São Paulo: Brasiliense, 1994, 2012.

CÉSARIE, Aimé. *Discurso sobre o colonialismo*. Blumenau: Letras Contemporâneas, 2010.

EVARISTO, Conceição. *Beco da Memória*. Belo Horizonte: Mazza, 2006.

FANON, Frantz. *Pele negra, máscaras brancas*. Trad. Renato da Silveira. Salvador: EDUFBA, 2008.

FANON, Frantz. *Os Condenados da Terra*. Rio de Janeiro: Editora Civilização Brasileira S.A, 1968.

FREIRE, Paulo. *Pedagogia do Oprimido*. 17ª ed. São Paulo: Paz e Terra, 1987.

FREIRE, Paulo. *Pedagogia da Autonomia: saberes necessários à prática educativa*. São Paulo: Paz e Terra, 1996.

FREIRE, Paulo. *Pedagogia da Esperança: um reencontro com a pedagogia do oprimido*. 21ª ed. São Paulo: Paz e Terra, 2014.

FREIRE, Paulo. *A importância do ato de ler: em três artigos que se completam.* 48ª ed. São Paulo: Cortez, 2006.

GONZALEZ, Lélia. *Por um feminismo afro-latino-americano: ensaios, intervenções e diálogos.* Org. Flavia Rios e Marcia Lima. 1ª ed. Rio de Janeiro: Zahar, 2020.

GROSGOGUEL, Ramón. *A estrutura do conhecimento nas universidades ocidentalizadas: racismo/sexismo epistêmico e os quatro genocídios/epistemicídios do longo século XVI.* Revista Sociedade e Estado. Vol. 31, n. 1, Janeiro/Abril de 2016.

HAN, Byung-Chul. *Sociedade do cansaço.* Trad. Enio Paulo Giachini. 2ª ed. ampliada. Petrópolis: Vozes, 2017.

HERNÁDEZ, Tanya Katerí. *La subordinación racial em Latinoamérica: el papel del Estado, el derecho consuetudinário y la nueva respuesta de los derechos civiles.* Bogotá: Siglo del Hombre Editores. Universidad de los Andes, Pontificia Universidad Javeriana – Instituto Pensar, 2013.

HOOKS, bell. *Ensinando a transgredir: a educação como prática de liberdade.* Trad. Marcelo Brandão Cipolla. 2ª ed. São Paulo: Editora WMF Martins Fontes, 2017.

KILOMBA, Grada. *Memórias da Plantação: episódios de racismo cotidiano.* Trad. Jess Oliveira. 1ª ed. Rio de Janeiro: Cobogó, 2019.

KOPENAWA, Davi; ALBERT, Bruce. *A queda do céu: palavras de um xamã yanomami.* Trad. Beatriz Perrone-Moisés. 1ª ed. São Paulo: Companhia das Letras, 2015.

KRENAK, Ailton. *A vida não é útil*. 1ª ed. São Paulo: Companhia das Letras, 2020.

KRENAK, Ailton. *Ideias para adiar o fim do mundo*. 1ª ed. São Paulo: Companhia das Letras, 2019.

MARTINS, Leda Maria. *Performances do tempo espiralar*. In: RAVETTI, Graciela; ARBEX, Márcia (org). *Performance, exílio, fronteiras: Errâncias Territoriais e Textuais*. Belo Horizonte: FALE/PÒSLIT/UFMG, 2002.

MASOLO, Dismas. *Filosofia e conhecimento indígena: uma perspectiva africana*. In: SANTOS, Boaventura de Souza; MENEZES, Maria Paula (orgs.). *Epistemologias do Sul*. São Paulo: Cortez, 2010. p. 313-337.

MILLS, Charles W. *O Contrato de Dominação*. Meritum. Belo Horizonte. vol. 8, n. 2. p. 15-70. Julho/Dezembro de 2013.

MILLS, Charles W. *The Racial Contract*. Cornell paperbacks, 1999.

OLIVEIRA, Luiz Fernandes de. *Educação e militância decolonial*. 1ª ed. Rio de Janeiro: Editora Selo Novo, 2018.

PASTINHA, Vicente Ferreira. *Improviso de Pastinha*. Org. e Coord. Ed. Frederico José de Abreu. Salvador, 2013.

RAMOSE, Magobe. *Sobre a legitimidade e o estudo da Filosofia Africana*. Ensaios Filosóficos. Rio de Janeiro. v. IV. Outubro de 2011.

RIBEIRO, Sidarta. *O oráculo da noite: a história e a ciência do sonho*. 1ª ed. São Paulo: Companhia das Letras, 2019.

RUFINO, Luiz. *Pedagogia das Encruzilhadas*. Rio de Janeiro: Mórula, 2019.

SANTOS, Antônio Bispo. *Colonização, Quilombos, Modos e Significados*. Brasília: Instituto de Inclusão no Ensino Superior e na Pesquisa, 2015.

SIMAS, Luiz Antonio; RUFINO, Luiz. *Fogo no Mato: A Ciência Encantada das Macumbas*. Rio de Janeiro: Mórula, 2018.

SIMAS, Luiz Antonio; RUFINO, Luiz. *Flecha no tempo*. Rio de Janeiro: Mórula, 2019.

SODRÉ, Muniz. *A verdade seduzida*. 3ª ed. Rio de Janeiro: DP&A, 2005.

SODRÉ, Muniz. *Samba, o dono do corpo*. 2ª ed. Rio de Janeiro: Mauad, 1998.

TAVARES, Julio Cesar. *Dança de guerra — arquivo e arma: elementos para uma Teoria da Capoeiragem e da Comunicação Corporal Afro-Brasileira*. Belo Horizonte: Nandyala, 2012.

TODOROV, Tzvetan. *A conquista da América: a questão do outro*. Trad. Beatriz Perrone Moisés. 4ª ed. São Paulo: Editora WMF Martins Fontes, 2010.

WALSH, Catherine. *Interculturalidad, Estado, Sociedad. Luchas (De) coloniales de nuestra época*. 1ª ed. Quito: Universidad Andina Simón Bolívar/Ediciones Abya-Yala, 2009.